别具一格的
蹴鞠与马球

◎ 主编 金开诚

◎ 编著 张 志

吉林出版集团有限责任公司
吉林文史出版社

图书在版编目（CIP）数据

别具一格的蹴鞠与马球 / 张志编著 . 一长春：吉
林出版集团有限责任公司：吉林文史出版社，2010.11（2022.1重印）
ISBN 978-7-5463-3973-3

Ⅰ . ①别… Ⅱ . ①张… Ⅲ . ①蹴鞠 – 体育运动史 – 中
国 – 通俗读物②马球运动 – 体育运动史 – 中国 – 通俗读物
Ⅳ . ① G843.92–49 ② G882.392–49

中国版本图书馆 CIP 数据核字（2010）第 205558 号

别具一格的蹴鞠与马球

BIEJUYIGE DE CUJU YU MAQIU

主编／金开诚　编著／张 志
项目负责／崔博华．责任编辑／崔博华　高原媛
责任校对／高原媛　装帧设计／柳甬泽　张宣婷
出版发行／吉林文史出版社　吉林出版集团有限责任公司
地址／长春市人民大街4646号　邮编／130021
电话／0431-86037503　传真／0431-86037589
印刷／三河市金兆印刷装订有限公司
版次／2010 年 11 月第 1 版　2022 年 1 月第 5 次印刷
开本／650mm×960mm　1/16
印张／9　字数／30千
书号／ISBN　978-7-5463-3973-3
定价／34.80元

前　言

　　文化是一种社会现象，是人类物质文明和精神文明有机融合的产物；同时又是一种历史现象，是社会的历史沉积。当今世界，随着经济全球化进程的加快，人们也越来越重视本民族的文化。我们只有加强对本民族文化的继承和创新，才能更好地弘扬民族精神，增强民族凝聚力。历史经验告诉我们，任何一个民族要想屹立于世界民族之林，必须具有自尊、自信、自强的民族意识。文化是维系一个民族生存和发展的强大动力。一个民族的存在依赖文化，文化的解体就是一个民族的消亡。

　　随着我国综合国力的日益强大，广大民众对重塑民族自尊心和自豪感的愿望日益迫切。作为民族大家庭中的一员，将源远流长、博大精深的中国文化继承并传播给广大群众，特别是青年一代，是我们出版人义不容辞的责任。

　　本套丛书是由吉林文史出版社和吉林出版集团有限责任公司组织国内知名专家学者编写的一套旨在传播中华五千年优秀传统文化，提高全民文化修养的大型知识读本。该书在深入挖掘和整理中华优秀传统文化成果的同时，结合社会发展，注入了时代精神。书中优美生动的文字、简明通俗的语言、图文并茂的形式，把中国文化中的物态文化、制度文化、行为文化、精神文化等知识要点全面展示给读者。点点滴滴的文化知识仿佛颗颗繁星，组成了灿烂辉煌的中国文化的天穹。

　　希望本书能为弘扬中华五千年优秀传统文化、增强各民族团结、构建社会主义和谐社会尽一份绵薄之力，也坚信我们的中华民族一定能够早日实现伟大复兴！

目录

一、蹴鞠的起源

蹴鞠流传了两千三百多年，它起源于春秋战国时期的齐国故都临淄。唐宋时期最为繁荣，经常出现"球终日不坠""球不离足，足不离球，华庭观赏，万人瞻仰"的情景。

春秋战国时期，特别是战国时期，由于奴隶制的瓦解、封建制的确立，极大地发展了社会生产力，显示了封建制巨大的优越性。原来任人宰割的奴隶，变成了有

一定人身自由的个体劳动者。尽管当时的
农民也受封建地主的压迫和剥削，但比
起过去的奴隶，有了参加文体活动的可
能性，由于农业、手工业、商
业和交通的发展，出现了
不少人口集中的城市。齐国
的临淄、赵国的邯郸、魏国的
大梁、秦国的咸阳等都是当时
著名的大商业城市。城市
的繁荣，也为民间体
育运动的兴起和发
展，提供了社会基
础。

　　《战国策》上
记载的是蹴鞠活动
开展的情况，而它的
起源当然还要早些。
西汉学者刘向在《别
录》中写道："蹴鞠，传言
黄帝所作，所以练武士知有

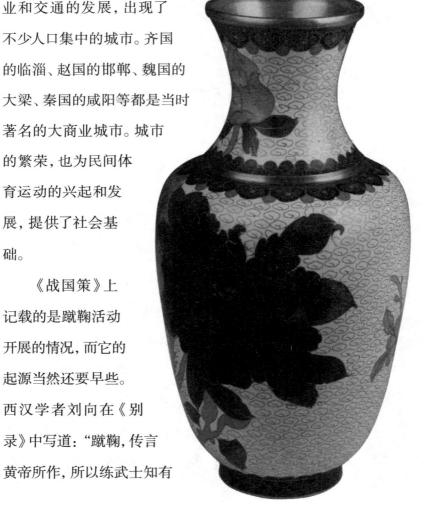

材也。"其子刘歆在《七略》一书中也提道："蹴鞠者，传言黄帝所作。"蹴鞠起源于四千六百年前的黄帝时代，因为黄帝时代尚无文字记录，所以，刘向父子所说的都为传言。一位权威学者给出了最新证据，他说："从马王堆汉墓中出土的帛书资料《十六经·正乱》，专门记述了黄帝战蚩尤一事，其中有一段内容涉及蹴鞠起源：'……黄帝身禺(遇)之(蚩)尤，因而擒之。……充其胃以为鞠，使人执之，多中者赏……。'"据该学者介绍，通过古代的传说和考古发现，虽然未能完全证明古代蹴鞠的起源时间和具体地点，但却反映了中国古代的球类游戏已有着相当久远的历史。这说明中国是世界上球类游戏起源最早的地区。这点已经得到世界足球史专家和国际足联的认可。

二、古代蹴鞠的发展

汉魏以来的蹴鞠具有对抗性、竞技性并兼有军事训练及娱乐功能。蹴鞠是汉代有代表性的体育项目。蹴鞠到了汉代，开展很普遍，成为汉代有代表性的体育项目。两汉时期，由于国家的统一，统治者奖励农耕。生产力得到发展，社会经济繁荣，人民生活富裕，民间蹴鞠得到了巨大发展。这可以从《盐铁论》中找到线索。《盐铁论》是汉宣帝时的桓宽根据

汉昭帝始元六年(公元前81年)二月在长安召开的"盐铁会议"的记录写成的。在"盐铁会议"上，

"贤良"们说，在汉武帝时，都城长安常见"穷巷蹋鞠"。"穷巷"即陋巷，指平民居住的地方。"穷巷蹋鞠"反映了汉代民间蹴鞠运动就很普遍，一般小巷都有踢球的。刘向的《别录》也说每年寒食节的时候，人们成群结队到郊外踢球，即所谓的"寒食蹴鞠"。这是汉代民间蹴鞠开展普遍的一个最好说明。汉代才叫蹴鞠，所踢之球又叫"毛丸"。《太平御览》卷七五四引应劭《风俗通》说："毛丸谓之蹴鞠。"又引郭璞《三苍解诂》云："鞠，毛丸，可踏戏。"《汉书·艺文志》载有《蹵鞠》二十五篇，师古曰："蹵鞠，以韦为之实以物，蹵蹋之以为戏也。蹵鞠，陈力之事。故附于兵法焉。"王应麟《汉书·艺文志

考证》："刘向《别录》曰：'蹴鞠者，传言黄帝所作，或曰：起战国时记黄帝蹴鞠兵势也，所以练武士，知有材也。今军无事，得使蹴鞠，有书二十五篇。'"可见蹴鞠本身是一项军事训练项目。汉代时步兵兴起，为锻炼兵士的体魄，蹴鞠就受到青睐。汉代用于训练的科目很多，"材官、骑士，习射御、骑驰、战阵"，楼船"亦习战射行船"，外加"五兵"(弓、弩、戟、刀、剑)及体能训练，如"蹴鞠、角抵、投石、超距"，手搏等，即踢球、角力、摔跤、投掷、跳跃、拳击等。由于蹴鞠是必不可少的军事训练项目，所以不仅平时举行，甚至作战间隙也举行。《汉书·霍去病传》记霍去病出征塞漠，"卒乏粮或不能自振，而去病尚穿域踢鞠"。刘歆在《七略》一书中说："踢鞠其法律多微意，皆因嬉戏以讲练士，今军士羽林无事，使得蹴鞠。"敦煌马圈湾汉代烽燧遗址中曾出土过一个鞠，内填丝绵，外用细麻绳和白绢搓成的绳捆扎成球形，而发掘报告却认为这是随军子女的玩具，未免失之不当。这个鞠当是边郡军士举行蹴鞠训练的例证。到三国时，蹴鞠仍然是军队中主要的运动项目之一。《太平御览》卷七五四引《会稽曲录》说："汉末三国鼎峙，年兴金革，士以弓马为务，家以蹴鞠为学。"

蹴鞠还是一项娱乐竞技项目。如《西京杂记》记载：刘邦当了皇帝之后，把父亲刘太公接到长安城的未央宫养老，但刘太公却终日闷闷不乐。原来刘太公习惯了沛县丰邑的市井生活，喜斗鸡、蹴鞠。于是，刘邦颁布圣旨，在长安城东百里之处，仿沛县丰邑规模造起新城一座，将丰邑百姓全部迁至新城，刘太公和刘媪也迁往此处，开始"斗鸡、蹴鞠为欢"，刘

太公这才心满意足。《汉书·东方朔传》记载："董君贵宠，天下莫不闻，郡国走马、蹴鞠、剑客辐辏董氏。常从游戏北宫，驰逐平乐，观鸡鞠之会，角狗马之足，上大欢乐之。"《盐铁论》中也说，西汉社会承平日久，"贵人之家，蹴鞠斗鸡"为乐，普通人家也是在"康庄驰逐，穷巷蹴鞠"。当时一些权贵收养了一批包括擅长蹴鞠者在内的人，专门供自己娱乐。《后汉书·梁冀传》记载梁冀"少为贵戚，逸游自恣，性嗜酒，能挽满、弹棋、格五、六博、蹴鞠、意钱之戏"。而且还出现一些狂热分子。《史记·扁鹊仓公列传》记载，名医淳于意为项处看病，叮嘱他不要过度劳累，但项处不听，仍外出踢球，结果呕血身亡，这也使得项处成为世界上第一个有史可考的狂热"球员"。汉末魏初,蹴鞠仍然是人们普遍喜爱的娱乐活动。《三国志·魏明帝纪》引《魏略》曰:"(孔)桂子叔林,天水人也。建安初……桂性便辟,晓博弈、蹋鞠,故太祖(指曹操)爱之,每在左右,出入随从。"这反映出,蹴鞠与博弈都是当时常见的娱乐活动,而统治者对善此技艺的人更是喜爱有加。

魏代以来,蹴鞠比赛多是在专门的球场——"鞠城"或"鞠域"中进行。从东汉人李尤的《鞠城铭》中颇能窥见汉代足球运动的概貌:"圆鞠方墙,仿像阴阳。法月衡对,二六相当。建长立平,其例有常。不以亲疏,不有阿私。端心平意,莫怨是非。"意思是说,蹴鞠的场地为长方形,四周有墙,两只半月形球门遥遥相对,鞠域一半各有六个球员,全场共有十二个球员,裁判公正严明,比赛规则固定不变;队员态度要端正、心平气和,服从裁判。以踢进球门球数的多少来决定胜负。此外在宫苑内还有"鞠室"一类的室内球场。如"洛阳宫鞠室""含章宫鞠室"等。《资治通鉴·魏明帝青龙元年》载:"洛阳宫鞠室灾。"胡三省注:"鞠室者,画地为域以蹴鞠,因以名室。"这种鞠室是宫殿一类规模较大的建筑物,平时举行蹴鞠竞赛,专供帝王欣赏,故以其"灾"而载入史书。此种"鞠室",晋时仍修建过。《文献通考》卷二九八《物异考四》记载:"晋武太康十年(289年)十月庚辰,含章鞠室修成。"陆机在《鞠歌行

序》中也说:"汉宫阁有含章鞠室、灵芝鞠室。"这表明汉代足球已经将竞技和娱乐融为一体,体现了体育比赛的公平与公正,从而使我国古代的足球运动——蹴鞠发展到一个相当高的水平。

唐宋时期制鞠、踢球技术进步,蹴鞠普及,其健身性能突出。

到了唐代,蹴鞠的用具开始有了改进。这时的鞠已非汉时的"以韦为之,实以物"的实心鞠,而是有球皮和球胆的气球。宋程大昌《演繁露》卷九载:"挼革为鞠,即后世皮球之斜作片瓣而缝合之,故唐人借皮为喻,而为诗以诮,皮日休曰:'八片尖皮砌作球,火中燖了水中揉。一包闲气如长在,惹踢招拳卒未休。'其谓'砌皮'、'皮气',即今之气球也矣。古今物制,固多不同……师古曰:'鞠,以皮为之,实之以毛,蹋蹵而戏也。'今世皮球中不置毛,而皆砌合皮革,待其缝砌已周,则遂吹气满之,气既充满,鞠遂圆

实，所谓'火中熻了水中揉'者，欲其皮宽而能受气也。详此意制，当是古时实之以毛，后加巧而实之以气也。"唐韦庄《丙辰年鄜州遇寒食城外醉吟五首》之五云："雨丝柳烟欲清明，金屋人间暖凤笙。永日迢迢无一事，隔街闻筑气球声。"上述的文献记载告诉我们，唐代的"气球"是用八片皮革缝制成的，已类似于现代足球的制作方法；然后，在用皮缝制成的球壳内，塞进一个动物尿脬并充足气成为气球。据世界体育史记载，英国发明吹气的球是在11世纪，较我国唐代晚了三四百年时间。就气球的发明而言，我国在世界上也是最早的。

制鞠技术的改进，使得唐代蹴鞠运动的形式比较丰富，有比赛颠球次数的"打鞠"，还有"白打"，即比赛时不用球门；可以二人对踢，也可以多人对踢，以踢高、踢出花样为能事；还有多人参与拼抢的"跃鞠"。"球门"代替了原来的"鞠室"。《文献通考》卷一四七《散乐百戏》记载当时球门是"树两修竹，络网于上，以门为度球。球又分左右朋，以角胜负"。这已经非常近似于现代足球比赛的球门样式。这种方式每队有一定人数和固定位置，规定队员只能在自己的位置上踢，不能移动。

球轻巧了，女子也加入了蹴鞠的行列，采用个人独踢或多人互踢的形式，以踢"白打"为主要形式。有的女子踢球技术还很高超。唐人康骈写的《剧谈录·判将军》中记载了一个女子踢球的故事：京兆府的小官吏王超，有一天走过长安城胜业坊北街，"时春雨初霁，有一三鬟女子，年可十六八，衣装褴褛，穿木屐于道侧槐树下，值军中少年蹴鞠，接而送之，直高数丈，于是观看渐众"。这个三鬟女子能够接住军中少年踢漏的球，而且穿着木屐，一脚把球踢了数丈高，是具有一定技术水平的。由此可见当时足球活动的普及。《文苑英华》卷八十一载唐人《内人踢球赋》，描写当时女子踢球的情景："球体兮似珠，人颜兮似玉"，"疑履地兮不履其地，疑腾虚兮还践其实"，把球、人与踢球技艺等描写得惟妙惟肖、形象逼真。韦庄《宫词》亦云："内宫初赐清明火，上相闲分白打钱。"

在唐代，蹴鞠活动逐渐大众化，普及于民间，这是唐代蹴鞠蓬勃发展的重要标志。清明节前后，人们最爱玩蹴鞠和秋千。王建的《宫词》之八十一写道："寒食内人长白打，库中先散与金钱。"描写的就是宫中女性在寒食节踢足球的场面。王维《寒食城东即事》说："蹴鞠屡过飞鸟上，秋千竞出垂杨里。"杜甫《清明》诗中也说："十年蹴鞠将雏远，万里秋千习俗同。"《酉阳杂俎》续集中还有荆州百姓郝惟谅"武宗会昌二年寒食日，与其徒游于郊外蹴鞠"的记载。可见于寒食节在郊外蹴鞠，是当时民间比较普遍的风俗。

宋代制球工艺比唐代又有提高，球壳从八片尖皮发展为"十二片香皮砌成"。原料是"熟硝黄革，实料轻裁"。工艺是"密砌缝成，不露线角"。做成的球重量要"正重十二两"。足球规格要"碎凑十分圆"。这样做成的球质量当然是很高的了。当时手工业作坊制作的球，已有四十个不同的品种，每个品种各有自己的优缺点。

制球工艺的改进，促进了踢球技术的发展；而制球手工艺的发展又反映了社会需求量在增加。

宋代时蹴鞠运动已相当普及。宋代的皇帝和官僚贵族，有些人爱踢球，有些人爱看踢球。上海博物馆藏北宋苏汉臣的《宋太祖蹴鞠图》(原画已佚，此图是元代画家钱选所临摹)描绘的便是宋太祖

与其弟赵光义、宰相赵普等六人用白打
方式蹴鞠嬉戏的场景。宋徽宗赵佶也是
个球迷，他看了宫女蹴鞠后赋诗道："韶
光婉媚属清明，敞宴斯辰到穆清。近密
被宣争蹴鞠，两朋庭际再输赢。"南宋的
孝宗赵昚对蹴鞠更是迷恋到痴狂的地步，
"时召诸将蹴鞠殿中，虽风雨亦张油帘，
布沙除地。群臣屡以宗庙之重，不宜乘
危，交章进谏，弗听"。《宋志·礼志》介
绍，宋朝的尚书省专门制定了蹴鞠仪式，
把它列进了宫廷庆典活动当中。孟元老
《东京梦华录》中多处记载，游春踏青、
给皇上祝寿、官员过生日、民俗节日等都
有蹴鞠活动在开展。

宋代社会上有了专门靠踢球技艺谋
生活的艺人，并建立了许多足球社团。如
圆社、打球社等。王明清的《挥麈后录》
记载，北宋时期的高俅就出身于圆社，因
球技高超，陪侍宋徽宗踢球，被提拔当了
殿前都指挥使，高俅可以算是最早的"著

名球星"了。《武林旧事》中记载的南宋球会"圆社",又称"齐云社"。是当时规模最大、级别最高的足球社团,所谓"人间博戏,争如蹴鞠风流,世上会场,只有齐云潇洒"(《蹴鞠谱》)。宋人刘邠的《中山诗话》记载了另一个因踢球而扬名的人,秀才柳三复球技出众,他知道宰相丁谓喜欢踢球,为了升官,他天天等候在宰相府球场的围墙外,有一天终于等到球飞出了墙外,柳三复捡起球以还球为名进了相府,在拜见丁谓时,他把球抛在空中,一面跪拜,一面用头、肩膀、后背等部位颠球,球一直未落地,丁谓见此大悦,给了柳三复一个官职。

宋代时蹴鞠活动进一步拓展,许多少年儿童也热衷于这项运动。现藏于故宫博物院的宋代陶枕上就绘有一个少女单独蹴鞠的画面。中国历史博物馆收藏的铜纹镜上也画有男女蹴鞠的画像。古钱上也有铸有"蹴鞠"的图像,朱卓鹏先生就收藏了一枚"足球"钱，它一面为龙凤图案，一面铸有顽童蹴鞠图案。在这幅踢球图案中，有一圆球踢至右上角，而钱的穿孔上、下、左、右各有一个作奔跑状的儿童。

宋代蹴鞠的技术也有了很大提高，球踢得花样百出，在技巧上比唐代提高了许多，形成了"肩、背、拍、拽、捺、控、膝、拐、搭、镰"等十种基本踢法，称为"十踢"，另外，还有针对各种踢法技术要领的"古十字诀"。还出现了一些有关著述，如《蹴鞠图谱》《蹴鞠谱》《事林广记·戊集》等均是宋人撰写的。如《蹴鞠谱》上说"脚头十万踢，解数百千般"，就是指用头、肩、背、胸、膝、腿、脚等动作组成的一套完整的踢技，可使"球终日不坠"。由此看来，宋代的足球，已由射门比精准向灵巧和控制球技术方面发展。《蹴鞠谱》还告诉我们，踢球之所以成为老少都欢迎的娱乐活动，是因为这

种娱乐既可使人"精神爽""消长日""度永年"，又可起到强身健体、预防疾病的作用，即"健体安身可美""肥风瘦瘠都罢"。在七百年前，人们对于足球运动的娱乐、健身和培养思想情操的作用已有了如此充分的认识，实属难能可贵！

元明以后蹴鞠功能逐渐走向纯娱乐和游戏。

元代以后，蹴鞠活动仍然存在，但其范围已大大缩小，仅以妇女踢球作为一种技艺供人欣赏。擅长蹴鞠的妇女被称为"蹴球伎"，基本上归于艺人范畴。元朝人喜欢观看蹴球伎表演，主要目的在于欣赏和娱乐，这就促使蹴球伎以技艺为资本。校尉是园社中艺人的最高等级，元代还出现了"女校尉"。关汉卿《斗鹤鹑·女校尉》曲云："茶余饭饱邀故友，谢馆秦楼，散闷消愁，唯蹴鞠最风流，演习得踢打温柔。"萨都剌《妓女蹴鞠》散曲中说："毕罢了歌舞花前宴，习学成齐

云天下圆。"可见踢球和歌舞一样,都是
宴会上的伎艺。"占场儿陪伴了英豪"的
妇女,大都是"谢馆秦楼""鸣珂巷里"的
"绝色婵娟",可见踢球已成为妓女娱客
的手段,成了和放荡行为相联系的娱乐。
《明通鉴》前编卷二记载,拥兵三吴、称
兵割据的吴王张士诚的弟弟张士信,"每
出师,不问军事,辄携樗蒲(一种赌具)、
蹴鞠,拥妇女酣宴"。可见踢球已和淫乐
连在了一起。所以,朱元璋称帝之后,传
下圣旨,严厉禁止军人踢球。朱元璋的圣
旨只能禁止军人踢球,但并没有改变足
球的娱乐性质。明代有了专业蹴球的女
艺人。据《太平清话》记载:"国初,彭氏
云秀,以女流清芬,挟是技(踢球)游江湖。
叩之,谓有解一十六。詹同文赠之以滚
弄行诗。"《金瓶梅》第十五回有一段描
写西门庆在丽春院看妓女李桂姐踢球的
事:西门庆吃了一回酒,出来外面院子里
先踢,又教桂姐与两个圆社踢。"一个捎

头，一个对障，拗踢拐打之间，无不假喝彩奉承"。此处的描写，也很能说明明代踢球的娱乐性质。

明代蹴鞠活动在妇女儿童中间仍很盛行。上海博物馆藏有明人杜董绘的《仕女图》，为描绘明代大家闺秀生活的长卷，其中就绘有三个服饰华美的女子在花树间踢球，其中一人正腾身以足踢球，两边的伙伴在聚精会神地盯着被踢起的皮球，画面生动有趣。明末人王誉昌的《崇祯宫词》诗曰："天边自结齐云社，一簇彩云飞便停。"可见在明代的深宫庭院中，尚有女子在玩蹴鞠游戏。

到了清代，蹴鞠活动已主要变为妇女、儿童的游戏活动。虽然爱好溜冰的满族人曾将其与溜冰结合起来，发明了一种称为"冰上蹴鞠"的运动形式，作为禁卫军的训练项目，但这不过是盛行于中国古代两千多年的传统蹴鞠活动的余韵而已。有关蹴鞠活动的书面记载就寥寥

无几了。古代的蹴鞠方法已大部分失传，只有在踢石球、夹包、花毽等游戏中还可以看到蹴鞠二十五法中的一些影子。关于踢石球在古典小说《红楼梦》第二十八回中有这样的描写：焙茗"往东边二门前来，可巧门上小厮在甬路底下踢球"。这里写的踢球，就是踢石球。清末《北京民间风俗百图》第六十四图《踢石球》写了踢球之法：二人以石球两个为赌，用些碎砖瓦块铺地，用一球先摆一处，二球离七八尺远，每人踢两次。踢中为赢，不中便输。关于清代踢石球的方法，末代皇帝溥仪的四弟、从小生活在醇亲王府的爱新觉罗·溥任介绍说，他曾看到太监踢石球，所踢的球就是老人们为了健身握在手中揉动用以活动筋骨的健身球。踢的方法是先用脚尖踩住球，然后用力向前踹，以击中对方为胜。无论是图画记载，还是老人描述，均是用脚"踹"球，不是我们现在看到的类似足球运动的踢球。

三、蹴鞠的形式

　　蹴鞠是中国一项古老的体育运动，蹴鞠比赛有直接对抗、间接对抗和白打三种形式。有球门的蹴鞠比赛又可分为双球门的直接竞赛和单球门的间接比赛。双球门的直接竞赛是汉代（前206—220年）蹴鞠的主要方式，且被用于军事练兵。进行直接对抗比赛时，设有鞠城，即球场，周围有短墙。比赛双方都有像小房子似的球门；场上队员各十二名，双方

进行身体直接接触的对抗，就像打仗一样，踢鞠入对方球门多者胜。

在专门的竞赛场地——鞠城，球门两相对应，两边队员相对进攻，进球为胜。由双球门竞赛演变而来的单球门间接比赛是唐（618—907年）宋（960—1279年）时期蹴鞠的主要方式，主要用于为朝廷宴乐和外交礼仪竞赛表演。进行间接对抗比赛时中间隔着球门，球门中间有两尺多的"风流眼"，双方各在一侧，在球不落地的情况下，能使之穿过风流眼多者胜。

无球门的散踢方式称作白打，历时最久，开展得也最为广泛，有一人到十人场户等多种形式。白打主要是比赛花样和技巧，亦称比赛"解数"，每一套解数都有多种踢球动作，如拐、蹑、搭、蹬、捻等，古人还给一些动作取了名字，如转乾坤、燕归巢、斜插花、风摆荷、佛顶珠、旱地拾鱼、金佛推磨、双肩背月、拐子流星等。

四、蹴鞠的价值功能

中国古代蹴鞠从军事上练兵手段的双球门直接对抗，发展为单球门的间接比赛，又演变为后来单纯的技术表演，可以说是经历了几次大的转变，但仔细考察其中原因，不难发现这种变化都和社会需要有着紧密的联系，是社会文明发展的表现，蹴鞠作为一项体育运动对社会的作用主要体现在以下方面：

（一）蹴鞠具有健身养性的功能

古时候，蹴鞠是"壮士习运之能，英杰游戏之学"，它能修身养性，强身健体，人们因其有健身之功能而把它比喻为"发汗散""化食丹"。

（二）蹴鞠具有商业表演的功能

由于蹴鞠技术的多样性并在音乐伴奏下使其具有很强观赏性，有些商人将它引入到商业经营中来，既解决了蹴鞠艺人的生活来源，又吸引了大量游客的光顾，如《武林旧事》记载，一个姓蒋的官吏，把不满两亩的小菜园辟为一个游艺场，在场内设了标杆、射垛、秋千、蹴鞠等场所，"以娱游客"。宋代后宫举行宴会时，常有蹴鞠表演，以之助兴。

（三）蹴鞠具有社会流动的功能

在当今社会中，一些生活在贫困阶层的人通过体育运动也取得了辉煌的成就，并以之来提高自己的社会地位，如球王贝利、马拉多纳、篮球明星乔丹，拳王阿里、泰森等。虽然他们都出生在社会下层的贫困家庭，但他们凭借自己顽强拼

搏的耐力和超人的运动才能，通过优异的运动成绩获得了令世人瞩目的社会地位和财富。无独有偶，在蹴鞠的历史上因球技高超而得赏识且飞黄腾达的高俅也曾官至殿帅府太尉。在《宋朝事实类苑》中记载："国朝士人柳三复最能之，丁晋公亦好焉，初柳为进士，欲见晋公元由，会晋公蹴后园，柳往伺之，毬果并出，柳即挟取。左右以告，晋公亦素闻柳名。即召之，柳自扪怀所素业，首戴毬以人，见晋公再拜者三，出怀中书，又再拜，每拜辄转至背方向膂既起复在头上，晋公大奇之，留为门下客。"

（四）蹴鞠具有交往、增进友谊的功能

中国唐代是当时世界文明中心，周边国家经常派出使团到中国学习，体育交流的内容涉及到蹴鞠、击鞠、武艺、棋类多种运动项目，并通过这些体育运动，增进

了与周边国家的友谊。

（五）蹴鞠具有联络感情的功能

《宋太祖蹴鞠图》画的就是太祖与
其余五人蹴鞠游戏的情景。皇帝走下宝
座，恭敬不违的大臣们暂时抛开君臣大
礼，这其中起关键作用的就是蹴鞠。

五、中国传统文化及历朝对蹴鞠运动的影响

中国传统文化是一种建立在内陆大河流域农耕文明基础上的内敛型文化，其代表是儒、道、释三种亚文化；而这三种文化都从不同侧面强化了这种内向性和收敛性，从而抑制了中国古代蹴鞠向现代足球的发展。

（一）儒家思想对蹴鞠运动的制约

在中国封建社会漫长的历史发展进

程中，儒家思想渗透到社会的各个领域，对历代的文化和社会一直产生着巨大的影响，蹴鞠运动的发展也概莫能外。儒的原本的含义就是"弱、柔"。许慎在《说文解字》中说："儒，柔也，术士之称……从人需声。"儒家历来重视"诗、书、礼、乐"的教化作用，其理想的人格是"温文尔雅、谦让和恭"的谦谦君子。在当时的社会背景下，蹴鞠作为一种娱乐和消遣是可以的，但若其发展成进攻性很强的体育项目的话，按照儒家的伦理规范和理想人格，则是不允许的。在儒家文化作为主流文化的国度里，体育活动在人们心中是没有什么重要地位的，这就造成体育理论的薄弱、体育活动的萎缩和体育规则的粗糙。但是，这并不是说儒家一味轻视体育。孔子在《论语》中就提出了当时教育的科目包括"礼、乐、射、御、书、数"，即所谓的"六艺"。然而，在儒家看来，尽管射箭和骑马是与军国大事有关的活动，但并非纯粹的体育运动，而是一种居于次要地位、作为调剂和补充的"卑艺"，属于郑玄所说的"伎艺"。孔子所谓的"志于道，据于德，依于仁，游于艺"，就是强调"数、书、御、射"这些科目只能涉猎游观，各随其性，随性自乐，切不可沉湎其中(否则将玩物丧志)，更不能把它当作一种职业。

在封建思想的长期禁锢下，以体育谋生的艺人社会地位低下，其积极性不可能充分调动起来。而社会要求他们的只是兜售他们的技艺，人们只是从中得到娱乐和消遣。如唐宋时期，一些宫廷妇女和妓女为了讨得别人的欢心才去踢球。妇女社会地位的低下，决定了女子蹴鞠难以向高层次发展。儒家提倡中庸思想，讲究忠恕之道。孔子就认为，凡事要恰到好处，不可过分，要不偏不倚，因此一些冲撞剧烈，带有很强竞争性和对抗性的活动项目往往背离这个原则。在儒家思想的影响下，我国一些传统竞技体育项目变成了传习封建礼节、宣传封建道德的一种手段。如投壶，原本是流行于古代士大夫文人阶层中的活动，也被渗入种种礼仪的因素。宋代司马光就认为"投壶者不使之过，亦不使之不及，所以为中也；不使之偏颇流散，所以为正也；中正，道之根底也"。但同时他又希望通过投壶这一活动让人们明白中庸之道，从而能安分守己。因此，带有竞技性和冲撞性的蹴鞠活动，就自然地违背了这个原则。又如在唐代出现的"十五柱球戏"，其游戏方法是：用木球从地面上抛滚去打立于一定距离之外的十五根小木柱。十五根木柱分成两类：一类为十根，上面分别写有"仁、义、礼、智、信、温、良、恭、俭、让"十个红字；另一类为五根，分别写有"傲、慢、佞、贪、滥"五个黑字，木

球击中红字者为胜,击中黑字受罚。由此可见,封建社会的道德规范在体育活动中地体现是多么地直接和明显。

儒家思想不仅使我国的传统体育带上了浓厚的伦理色彩,而且也极大地抑制了中华传统竞技体育体能类项目的发展。当代著名的新儒家梁漱溟就指出:"自周孔礼教以来,中国人的身体素质就退化了。"人们热衷的都是气氛比较缓和的非竞争活动,或具有一定趣味性的竞争游戏。因此,随着时代的发展和儒家地位的上升,在唐朝军队中,有一种既是军训手段又是娱乐活动的蹴鞠,而且这种蹴鞠活动逐渐发生了变化:从两个门变为一个门,从直接对抗发展为间接对抗,从多人竞技变为一人或两人的娱乐等等。这种逐步衰落的过程,正是古代蹴鞠未能发展成近代足球的重要原因之一。

（二）道家思想及佛、禅文化对蹴鞠运动的制约

作为中国传统文化中的另一思想派别的道家，是与中国的农业文明最为贴近的。它讲究顺应自然的无为之道，以及与世无争的人生态度。老子认为："祸莫大于不知足，咎莫大于欲得，故知足之足，常足矣。"他极力强调"不尚贤，不尚力，不与人争"，"不贵难得之货，使民不为盗，不见可欲，使民不乱。是以圣人之志虚其心，弱其智，强其骨，常使民无知无欲"，"知其荣，守其辱，为天下谷。为天下谷，常德乃足"。在道家文化里，人的个体感性冲动衰弱到十分严重的地步，以至竟坚持："我有三宝，持而保之：一曰慈，二曰俭，三曰不敢为天下先。"这种拒绝冒险、回避竞争的态度显然与那种带有冒险性、竞争性的足球运动是水火不相容的。中国民众心中的知足常乐、能忍自安、无为人先、不耻人后、吃亏是

福、难得糊涂、急流勇退、逆来顺受等心理定势，更多的是来自道家思想。

从以上分析可以看出，道家骨子里对足球运动采取的是一种排斥态度。在这样一个知足常乐、能忍自安、急流勇退、逆来顺受的国度，蹴鞠就不可能发展成为现代足球。由道家演变而来的道教，虽然也重视体育，如和道教有密切联系的气功、太极拳、武术，但他们的体育多半与养生、健身联系在一起，是人们修身养性的手段。这种体育活动缺乏对抗性、竞技性和竞争性，与现代足球的要求更是南辕北辙。更为重要的是，气功、太极拳、武术之类的体育活动在中国几乎是国粹。在这样的文化氛围中，蹴鞠未发展成为现代足球，也就成为十分自然的事情了。佛教是来自印度的宗教，就其本身而言，也是大河流域农业文明的产物。虽然它在思维方式上和中国固有的文化不大一样(如它比较讲究逻辑分析等)，但在价值取向——内敛、主静方面，和中国文化没有多大的差别。由佛教和中国文化融合而成的禅宗就典型地体现了这一点。与儒、道思想一样，它们对中国蹴鞠的发展，也是一股不可小觑的制约力量。

(三)统治者的政策对蹴鞠运动的制约

唐宋皇帝大多重视蹴鞠运动，并把它当作一种军事训练手段，遇到比赛时都亲临观看。上有所好，下必甚焉，相沿成风，广泛开展，这是唐宋时期蹴鞠运动兴盛的重要因素。

元朝是由生活在马背上的蒙古族建

立的，出于生存习惯和民族隔阂等多方面
的原因，他们对汉民族的游戏类型和体
育项目不适应，更不可能提倡。蹴鞠运动
不得不从官办转移到民间，逐渐成为民间
纯娱乐性的文化活动。

朱元璋称帝以后，严禁军人蹴鞠，并
下旨"蹴鞠者卸脚"，但由于蹴鞠运动本
身的魅力所在，蹴鞠在民间依然盛行。

清朝入关后，喜欢射猎的满族统治
者，对汉民族的蹴鞠也实行了禁止政策。
顺治皇帝曾口谕禁止踢球，对蹴鞠要"即
行严禁"。后来，乾隆皇帝干脆明令禁
止蹴鞠活动，民间的蹴鞠运动因
此受到了极大的限制。

六、马球的起源

　　关于马球起源问题的研究，相当一段时期以来已经积累了一大批古代马球运动的资料，学者们对其研究也取得了相当大的成果。但总体来分析，还没有确立一个共同的认识，这主要集中在马球运动的起源方面。这里，我们结合国内外的文献记载和发现的有关文物资料，主要就古代马球运动起源问题的三种观点逐一分析。

（一）关于马球运动起源于波斯说

自向达、罗香林两位先生提出以后，不少研究者在经过一定的分析后，曾提出过不同的看法，其中尤以唐豪先生的分析较为充分。唐先生认为：第一，"现代马球英文中称为polo，该词语源出于我国藏族，不是取名于波罗树。可证唐代拔汗那国的毬场（杜环《经行记》所载），并不与波罗林发生什么关系"。第二，在中国古代，"打"这个名称，最早见于5世纪60年代左右（隋唐以前）梁朝宗懔所著的《荆楚岁时记》，根本不符合罗香林所云"波斯原名为gui，唐人音译为'打'的说法"。也就是说，"打"一词出现于中国的唐代以前，并不是唐人据波斯语中的gui一词译来的。与马球运动起源于波斯说相近，郝更生先生在其1926年出版的英文版《中国体育概论》一书中，还提出了马球是经过波斯传到土耳其斯坦和

西藏,然后在中国普遍流行起来的观点。他的主要根据是:"900年前波斯一位作家记载,约在公元600年左右,和波斯萨珊王朝末代皇帝Khosrau Parwis结婚的一个基督教女子希莱恩,联合了许多贵族妇女和她配合,同'夏'的马球队进行了一场对抗赛。"但是,由中国古籍《旧唐书·西戎传》和《新唐书·西域传》中有关波斯历史的记载看,能与Khosrau Parwis对音的是"卑路斯"。他是七八世纪之间的一个人物,而这与中国汉魏时期出现的记载马球活动的《名都篇》已经相隔了几个世纪。因此这一结论也是说不通的。

此外,据英国于1936年出版的有关著述记载,波斯马球竞赛被称为"Chaugan",其发音近似于中国古代"鞠杆"的方言。"鞠杆"即是球杖,这一相近的对音字,也间接证明了波斯盛行的马球是受到了中国马球活动的影响。

(二) 关于马球起源于吐蕃说

虽然首倡者阴法鲁先生从语音学着手, 对向达、罗香林二位先生所考证的"波罗, 波斯名为 'gui' 之说提出了异议, 并进一步考证出波斯语的gui字应是汉语字的音译。但他同时又认为"波罗"一词是出于英语的polo, 亦即马球之意, 而其发音又来源于藏语的"波郎"(Polon)或藏语的"䶲䶲"(Pulu), 并由此推断马球运动最初应出现于吐蕃, 至唐代初年传入中原并兴盛起来。不过, 有一点需要说明的是, 无论是"波郎", 还是"䶲䶲", 在拉萨藏语中其实是对一切球和球形物体的统称。而拉萨地区的这一称呼则来源于西藏牧区的"扒口罗", 扒指圆形物体, 而"扒口罗"则指用皮革制成的圆形物体。因此, 仅据此推断马球运动起源于吐蕃地区, 似有些牵强。

（三）关于马球起源于中原一带的观点

最初依据的仅是汉魏时期曹植《名都篇》中的记载。但由于证据乏力，又加之学者们对《名都篇》中"连骑击鞠壤"的"击鞠"有着不同的理解，所以，虽然对此观点附和者众多，但更需确凿的资料再加论证。

生活在公元七八世纪的唐代诗人蔡孚曾作《打篇》一诗。诗中写道："德阳宫北苑东头，云作高台月作楼。金锤玉鋬千金地，宝杖佩文七宝毬……共道用兵如断蕉，俱能走马入长揪……奔星乱下花场里，初月飞来画杖头。自有长鸣须决胜，能驰迅足满先筹。薄暮汉宫愉乐罢，还归尧室晓垂旒。"这首诗中提到的"德阳宫"，就是东汉末被董卓烧毁的洛阳宫殿。而诗中描述的"德阳宫北苑东头"的

马球场及"能驰迅足满先筹""薄暮汉宫
愉乐罢"的马球竞赛，都是参考当时尚未
佚失的汉代旧籍的记载写成的。因此，从
这一条资料可以看出，东汉时期已经流行
马球运动，而且在宫中还修建了专用的马

球场。

1979年在甘肃省敦煌市西北的马圈湾汉代烽燧遗址发现的西汉中期的球形实物，对这一观点可以说是起到了一些旁证作用。目前，虽然对这类球形实物还有不同的看法，但根据报告的描述和我们在长城博物馆看到的实物，把其作为一只马球活动用球，应有一定的道理。据元人熊梦祥的《析津志》载："一马前驰，掷大皮缝软子于地，群马争骤，各以长藤柄杖争接之。"这里的"大皮缝软子"，也就是牛皮马球，在牛皮里面填上毛发之类的东西，成为软球。也可能像古代日本那样在木质球外包一层牛皮。在中国古代马球活动中，所用的马球有一种是外包皮、内置毛发等类的"软"球。此外，最迟在公元前1世纪出现的马球的另一称呼"打毬"的"毬"字，在其构造上，"左旁由'毛丸'而来，所以从毛。这个字的右旁根据用球'招来'击和用杖'索取'击，

所以从求"，这也是早期马球活动曾用过"毛丸"一类球的证据。另外，在日本古籍《倭名类聚抄》一书中，为了说明"打球"的来源，于其"打"条下引"唐韵云：毛丸，打者也"。"毛丸"就是用毛揉成的球，《太平御览》引《风俗通》对此已有记述。《风俗通》是东汉中平六年（198年)泰山太守应劭所编，这印证了最迟在东汉时期"毛丸"就已应用于马球运动之中了。从这些文献中对早期马球用球的描述，结合马圈湾汉代烽隧遗址发现的西汉中期的球形实物，其"内填丝绵，外用细麻绳和白绢搓成的绳捆扎成球形"。两者基本上是符合的。另外，发现的这件球形实物直径5.5厘米，与中国古籍中所记载的马球的"球状小如拳"也基本上相符。结合古代西北地区的军队中始终就有进行马球活动的习俗，将其推断为当时西北地区军中进行马球活动的一种简便用球，是有一定道理的。

　　这一实物资料的发现，结合上述的文献记载，可以说，马球运动最迟在汉代就已经流行在包括中原地区在内的黄河流域一带。无论在文献的记述上，还是在有关实物的发现上，其反映的流行时间均比波斯、吐蕃等地要早。可以这样认为，中国古代马球自汉代始就开始出现于中原以至黄河流域，经过长期的发展和演变，成为中国古代球类运动中主要的运动形式之一。最后，需要指出的一点是，由于受自然环境的制约，中国古代历史上的马球运动主要还是在北方地区流行。

七、古代马球的
发展

　　根据对有关资料的分析，中国古代的马球运动在发展的历史上以汉魏、唐、宋辽、明清为其出现和发展的四个重要时期，而且也表现出了一定的时代特点，而整个中国古代马球运动的盛衰也在这四个时期表现得非常清晰。

　　马球是马术与球类运动相结合的产物。因而，它的兴起必然在马术和球类运动发展到了一定水平之后。我们认为马球

运动出现于汉代，这与马球运动产生的最
基本条件——汉代兴盛的马术和球类运
动是相吻合的。在历史上，作为少数民族
集聚地的西北地区，是牧马活动比较兴
盛的一个地区，而考古资料中最早的马
球实物资料也首先发现于这一带。1979

年, 甘肃省文物工作队的考古工作者, 在位于甘肃省敦煌市西北的马圈湾汉代烽隧遗址中, 发现了一件西汉中期的球形实物。根据报告的描述, 这一球形实物"内填丝绵, 外用细麻绳和白绢搓成的绳捆扎成球形, 直径5.5厘米"。原报告称其为蹴鞠, 并认为是当时军队中"随军子女之玩具"。在甘肃

省的嘉峪关市长城博物馆，也展有一件
这样的球形实物，其形制、结构与该球
形物基本相同。有的学者根据其大小、
结构，结合文献的记载，认为这是一件
当时打马球活动中所用的马球用具。这
为我们提供了马球活动出现于西北地区
的较早的有力证据。汉魏时期的马球运
动，由于刚刚兴起不久，因而流行范围并
不广泛，只是作为一种游艺性的活动在
宫中和民间开展。如曹植《名都篇》中有
关"京洛少年"于郊外"击鞠"的描述和
梁朝宗懍《荆楚岁时记》中记当时风俗
时说的"寒食为打球、秋千、藏钩之戏"
等，至于其他方面的马球活动，并未见记
载。

我国古代马球活动真正盛行的时期
是唐五代时期。如陕西乾县唐章怀太子
李贤墓中发现的打马球壁画，其全图高
130—240厘米，宽600厘米，画面以众多
的人物、宽阔的背景完整地再现了当时

马球竞技活动的盛况。整幅壁画保存有
参与击球的人物二十余人，皆着各色窄
袖袍，足登黑靴，头戴幞头，手执偃月形
球杖，身骑奔马，做出各种竞争击球的
姿态。画面构图疏密有致，动中有静，有
较强的节奏感、运动感，充分体现了唐
代马球活动较为完整的形态。此外，还
有发现这一时期的马球俑，描绘当时马
球活动的铜镜等等，均是当时马球活动
盛况的真实反映。不过从这些文物资料
来看，打马球者装束多为官宦打扮，再加
上1956年于长安城唐大明宫含光殿发现
的记载修建马球场的石志，说明马球运
动在宫廷和贵族阶层有着广泛的拥护者
和参与者。据文献记载，唐代的皇帝唐中
宗、唐玄宗、唐穆宗、唐敬宗、唐宣宗、
唐僖宗、唐昭宗等也都是马球运动的提
倡者和积极参与者。可以说，马球运动在
唐代应该是一种贵族性的运动，而且从
发现的有关文物资料的分布看，这种活

动在西北地区的军中也极为流行。作为一个政治、经济、文化的昌盛时代，其对外文化交流也达到了历史上的高潮。而马球运动的对外传播也成为这一时期马球运动的时代内容之一。在当时的文献中，相邻国家如高丽、日本等国都有盛行马球运动和与唐王朝进行马球竞技的描述，他们受到唐代盛行的马球运动的影响是显而易见的。

　　唐代马球运动流行范围，主要限于上层社会。上自皇帝，下及贵族官僚、诸军将士、文人学子、富家少年，多迷恋之。球场几乎遍布宫城禁苑、显贵宅第、诸道都邑和军队驻地。马球竞赛司空见惯，其盛况在中国古代堪称空前绝后。为什么唐代马球运动流行的范围只囿于上层社会呢？依据社会心理学原理，大凡时尚的流行，皆须以一定的经济条件为基础，以社会的相对富裕和相对闲暇为基本前提。唐代马球运动的流行同样也不

例外，而且实际上对经济条件的要求，更
远远高于当时其他的体育项目；其所需
器材、场地设备，诸如球、球杖、球场、骏
马乃至球衣、马具等等，不仅要求质量优
良，并且消耗量还很大。以球场和骏马为

例，球场为马球运动专用场地，须宽广、平坦、坚实、洁净，三面围以矮墙，一面建有观礼台。唐人诗赋有云："筑场千步平如削，短垣三面缭逶迤。""广场惟新，扫除克净；平望若砥，下看犹镜；微露滴而必闻，纤尘飞而不映"。诸如此类生动形象的描写，足以证明唐代马球场规格标准之高，工程耗费之巨。再看马球运动所需要的骏马。数量众多且品种优良、训练有素的骏马，是马球运动必备的主要条件。这些骏马必须膘肥体壮，奔跑速度快，反应灵敏，耐力强，要像唐代文献里所描写的那样，能在宽广的球场上"东西驱突，风回电激""迅若流电"。而另一方面，即使是骏马良骥，在长时间的激烈比赛中，也难保不发生运动事故，唐人封演在《封氏闻见记》卷六《打球》中也承认"马或奔逸，时致伤毙"的事实，并且援引同时代人刘钢的话说："打球，一则损人，二则损马。"据此可知，马球运动不

但对骏马质量的要求十分严格，同时又对骏马的数量提出很高的要求。故而唐人有所谓"宛驹骥骏""善价千金未可论"之说。

上述仅以球场和骏马为例，已见马球运动是一种高标准、高消费的体育项目；其赖以流行的基本前提条件，必须一是社会经济的相应发达，二是时尚的"领潮者"与"赶潮者"的相对富裕和闲暇。考察唐代社会发展的状况，可以说这两项基本的前提条件均已具备。先就前者而言，唐代社会经济在前代的基础上，又有长足的进步，无论是农业、手工业，还是养马业，都呈现出空前繁荣发展的局面；手工业部门以其达到的技术水平和生产能力，能满足马球运动对场地、器材、服装的高质量的巨大需求。尤其是当时异常发达的公、私养马业，有所谓"秦汉以来，唐马最盛"的美誉，更构成了马球运动赖以流行的至关重要的物质保证。这

充分表明，唐代社会发达的封建经济，已为马球运动的流行奠定了坚实雄厚的物质基础。

再以后者而论。毫无疑问，上述唐代丰饶的物质条件，还只是针对社会财富的总和而言的；实际上，这些财富在社会上，是以社会成员通过一定的"分配"方式而分别占有的形态存在的。这就意味着，社会上各种物质需求不同的体育运动所能流行的范围，其实又是与不同的社会成员、阶级或阶层所分别占有财富的真实状况密切相关的。唐代作为一个封建社会，其社会财富的"分配"所造成的结果，依然是贫富悬殊的基本格局。分别生活于唐代前、后期的著名官员李峤、李翱曾先后明确指出："天下编户，贫弱者众。""岁大丰，农人犹不能足衣食，如有水旱之灾，则农夫先受其害。"另一方面，又如天宝十一载(752年)唐玄宗的诏令所披露的那样："王公百官及富豪之家，比置田庄,恣行吞并,莫惧章程。"两相对照,唐代下层社会与上层社会之间贫富悬殊的状况足可略见一斑。因此不言而喻,纵然是在封建经济繁荣发达的唐代,面对马球运动这样高标准、高消费的体育项目,"贫弱"的广大民众(即下层社会)也只能望洋兴叹,而唯有"广占良田"、富裕且有闲的"王公百官及富豪之家"(即上层社会),才有能力趋之若鹜。我们认为,唐代马球运动之所以始终流行于上层社会,根本原因正在于此。

再让我们来分析一下包括唐代在内的中国古代马球运动流行的周期问题。纵向考察中国古代马球运动发展的历史,可以发现,从唐代到五代十国,再到宋代之后,马球运动经历了一个由盛渐衰的周期过程;其中在唐代,马球运动则历经了缓慢兴起、初步发展、蓬勃发展三个阶段。关于这三个阶段的概况,《唐代的马球运动》一文已经作过论述,并谓之"兴起、发展和再发展三个阶段"。本文为了对马球运动流行的周期现象进行分析解释，仍须先依次对相关史实作一番简单的交代。人所共知，马球运动是在唐初由"西蕃人"(唐人所谓"西蕃"，相当于今新疆、西藏以至中亚部分地区)传入京师长安的；经唐太宗(627—649年在位)钦准，首先在宫中兴起。但后来由于某种原因，太宗又"焚此球以自诫"，从而令刚刚兴起的马球运动受挫，历高、武之世(650—704年)，一直步履蹒跚。这一段时期，可以说是马球运动在中国缓慢兴起的阶段。迨至唐中宗时期(705—710年)，由于皇帝的喜好，缓慢兴起的马球运动开始在宫廷和京城一些显贵中间形成热潮。《封氏闻见记》卷六生动地记述了一次由中宗亲自主持的马球比赛。先是按原定计划，由皇家专业马球队进行表演赛；之后，又应吐蕃迎亲使团的请求，临时举行了两场对抗赛。参赛双方，一为皇

家马球队，一为吐蕃马球队。前者先后上场的，分别是宫廷专业球手和皇亲国戚业余球手，与吐蕃迎亲使团球手交锋，先负后胜。这段著名史料无疑反映出其时马球运动已在宫廷和部分显贵中热烈开展的事实。以临淄王李隆基(即后来的唐玄宗)为首的皇亲国戚四人，竞勇克吐蕃队十人，史言"东西驱突，风回电激，所向无前"，充分显示出京中显贵们训练有素的精湛球技。另有文献记载，是时，驸马杨慎交、武崇训甚至还不惜造价，首创用"油洒地以筑球场院"的新工艺。正是基于这样一些事实，故而史称"上(中宗)好击球，由是风俗相尚"。这一结论实则表明，自唐中宗时代起，马球运动业已进入初步发展的阶段。这种初步发展的势头一直持续到唐玄宗天宝元年(747年)之前。而后，经玄宗钦定，马球运动又进一步从京师宫禁推向各地军营，其势愈炽，乃至风靡全国。据唐人阎宽《温汤御

球赋》记载，天宝六载十月，唐玄宗在华清宫隆重举行了一场精彩的马球比赛。与以往不同的是，这次球赛之前，玄宗居然还以诏令的形式，公开倡导将马球运动作为一种"用兵之技"，向全国示范推广。赋曰："越三日，下明诏：伊蹴鞠之戏者(引者注："蹴鞠"应为"击鞠"之误，实指马球运动)，盖用兵之技也。武由是存，义不可舍。顷徒习于禁中，今将示于天下。"于是，马球运动迅速风行于全国诸军兵营，历经盛唐、中唐、晚唐，一直成为"军中常戏"；与此同时，马球运动也依旧是达官显贵们最热衷的时尚，就连各地一些文人学子也不免受这股马球流行风的影响(当然，文人学子大多只能利用上层显宦或军队的公、私骏马和球场进行练习或比赛)；其风气之盛，居然还激发了下层大众观赏马球的兴趣，引起社会的广泛共鸣。这里也不妨略举两例：一是在唐德宗时期(780—805年)，时任徐

泗节度使幕僚的韩愈,曾观看过由节帅张建封率领将士们所进行的一场马球比赛。赛毕,韩愈赋诗一首,略曰:"……分曹决胜约前定,百马攒蹄近相映。球惊杖奋合且离,……霹雳应手神珠驰。……发难得巧意气粗,欢声四合壮士呼。……"诗中既生动地描写了军中马球比赛的激烈、精彩、惊险的壮观场面,同时又逼真地反映了球场四周大量的士兵及观众情绪上热烈共鸣的现象。这是军中"马球热"的一个例子。唐代中后期,每年春季科举及第的新进士们,都要到长安游览胜地曲江池畔的月灯阁球场,举行盛大的马球比赛。其中也不乏打球高手,所谓"驰骤击拂,风驱电逝",居然令神策军的某些专业球手也甘拜下风。文献记载,届时"四面看栅栉比,悉皆褰去帷箔而纵观焉";而当球赛出现精彩的场面时,则"(月灯)阁下数千人因之大呼笑,久而方止"。显然,这个例子不但是唐代中后期文人学子热爱马球运动的一个缩影，而且还生动地揭示出一般社会大众对观赏球赛的浓厚兴趣。以上事实说明，自盛唐时期的天宝六载以来，经中唐迄于晚唐（747—907年），堪称马球运动蓬勃发展的时期。

马球在唐朝盛极一时，并且对后世有着深远的影响。虽然李唐王朝最终灭亡了，但是马球却没有随着李氏家族一起埋进坟墓，而是继续着自身的传承和发展。《新五代史》记载：梁太祖即位，封镠吴越王兼淮南节度使。客有劝镠拒梁命者，镠笑曰："吾岂失为孙仲谋邪？"遂受之。太祖尝问吴越进奏吏曰："钱镠平生有所好乎？"吏曰："好玉带。"太祖笑曰："真英雄也。"乃以玉带一匣、打球御马十匹赐之。这段文字虽没有详细记录五代时打马球的情景，却足以证明五代时期马球运动得到了继承，并且依然是皇室贵族们所喜爱的运动。

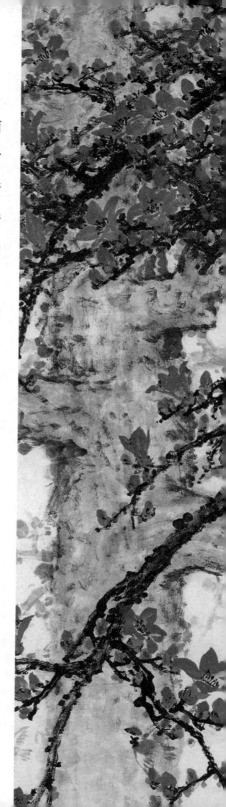

宋代是蹴鞠非常兴盛的时期，但马球并没有消失。宋代孟元老的《东京梦华录》中有："先设彩结小球门于殿前。有花装男子百余人，皆裹角子后拳曲花幞头，半着红半着青锦袄子，义栏束带丝鞋，各跨雕鞍花辔驴子，分为两队。各有朋头一名，各执彩画球杖，谓之小打。一朋头用杖击球子，如缀球子方附地，两朋争占，供与朋头。左朋击球子过门入孟为胜。右朋向前争占，不令入孟。互相追逐，得筹谢恩而退。续有黄院子引出宫监百余，变如小打者。但加之珠翠装饰，玉带红靴，各跨小马，谓之大打。人人乘骑精熟，驰骤如神，雅态轻盈，妍姿绰约，人间但见其图画矣。"生动地描写了北宋都城马球表演的情况，并且表明了当时已有"大打"和"小打"的区别。《宋史·礼志》也详细记录了宋代打马球的情况："打球，本军中戏。太宗令有司详定其仪。三月，会鞠大明殿。有司除地，竖

木东西为球门，高丈余，首刻金龙，下施石莲华坐，加以采缋。左右分朋主之，以承旨二人守门，卫士二人持小红旗唱筹，御龙官锦绣衣持哥舒棒，周卫球场。殿阶下，东西建日月旗。教坊设《龟兹部》鼓乐于两廊，鼓各五。又于东西球门旗下各设鼓五。阁门豫定分朋状取裁。亲王、近臣、节度观察防御团练使、刺史、驸马都尉、诸司使副使、供奉官、殿直悉预。其两朋官，宗室、节度以下服异色绣衣，左朋黄襕，右朋紫襕。打球供奉官左朋服紫绣，右朋服绯绣，乌皮靴，冠以华插脚折上巾。天厩院供驯习马并鞍勒。帝乘马出，教坊大合《凉州曲》，诸司使以下前导，从臣奉迎。既御殿，群臣谢，宣召以次上马，马皆结尾，分朋自两厢入，序立于西厢。帝乘马当庭西南驻。内侍发金合，出朱漆球掷殿前。通事舍人奏云御朋打东门。帝击球，教坊作东奏鼓。球既度，飐旗、鸣钲、止鼓。帝回马，从臣奉

觞上寿，贡物以贺。赐酒，即列拜，饮毕上马。帝再击之，始命诸王大臣驰马争击。旗下擂鼓。将及门，爱厢急鼓。球度，杀鼓三通。球门两旁置绣旗二十四，而设虚架于殿东西阶下。每朋得筹，即插一旗架上以识之。帝得筹，乐少止，从官呼万岁。群臣得筹则唱好，得筹者下马称谢。凡三筹毕，乃御殿召从臣饮，又有步击者，乘驴骡者，时令供奉者朋戏以为乐云。"其中"太宗令有司详定其仪"说明宋代不但继承了唐朝时期的马球运动，而且还针对唐朝马球仪式比较随意的弊端进行了改进和规范。

同时，马球也在与宋代对峙的少数民族政权中得到了继承。而且，由于辽、金的建立者契丹、女真原本就是马上民族，所以马球在辽和金得到了更大的发展。《辽史》记载："庚寅，如应州击鞠。丁西，汉遣使进毯衣及马。"可见，马球存在于辽国，甚至成为了辽宋交流，大宋

向大辽求和的手段之一。但是，需要引起注意的是，马球运动在辽国受到了限制。由于打马球是练兵的好方法，辽国统治者为了巩固其统治，曾经禁止过民间的马球活动。可是由于辽国皇帝自己喜欢和练兵的需要，又多次解禁。《辽史》卷十九记载："夏四月，诏罢修鸭渌江浮梁及汉兵屯戍之役。又以东京留守萧撒八言，驰东京击鞠之禁。夏四月辛亥朔，禁五京隶击鞠。"《辽史》卷八十记载："时上击鞠无度，上书谏曰：'……臣又闻太宗射豕，唐俭谏之；玄宗臂鹰，韩休言之；二帝莫不乐从。今陛下以球马为乐，愚臣思之，有不宜者三，故不避斧钺言之。窃以君臣同戏，不免分争，君得臣愧，彼负此喜，一不宜。跃马挥杖，纵横驰骛，不顾上下之分，争先取胜，失人臣之礼，二不宜。轻万乘之尊，图一时之乐，万一有衔勒之失，其社稷、太后何？三不宜。倘陛下不以臣言为迂，少赐省览，天下之福，群臣

之愿也'。"《辽史》卷八十一："重熙七年，为东京留守。时禁渤海人击球，孝忠言：'东京最为重镇，无从禽之地，若非球马，何以习武？且天子以四海为家，何分彼此？宜弛其禁。'"从这些记载，我们可以看到，马球在辽国的上层社会中还是深受喜爱的，但是由于打马球可能会导致民间私自练兵，进而威胁到统治，所以曾多次被禁止。金朝的马球运动是从辽国继承来的。《金史》卷三十五记载金国皇帝拜天仪式："金因辽旧俗，以重五、中元、重九日行拜天之礼。重五于鞠声，中元于内殿，重九于都城之外。其制，刳木为盘，如舟状，赤为质，画云鹤文。为架高五六尺，置盘其上，荐食物其中，聚宗族拜之。若至尊则于常武殿筑台为拜天所。重五日质明，陈设毕，百官班俟于球声乐亭南。皇帝靴袍乘辇，宣徽使前导，自球声南门入，至拜天台，降辇至褥位。皇太子以下百官皆诣褥位。宣徽赞'拜'，皇

帝再拜。上香，又再拜。排食抛盏毕，又再拜。饮福酒，跪饮毕，又再拜。百官陪拜，引皇太子以下先出，皆如前导引。皇帝回辇至幄次，更衣，行射柳、击球之戏，变辽俗也，金因尚之。"除沿袭旧制外，金朝马球的一大特色是出现了单球门的比赛方式。

元代的马球运动相比宋代，应该说有所推进。在元朝尚未建国之时，马球已成为蒙古贵族的一项重要的娱乐项目，深受蒙古人喜爱并广泛流行。南宋宁宗嘉定十四年(1221年)，南宋曾遣使赵珙到河北蒙古军前议事。赵珙回国后所写的一篇报告记载："如彼击鞠，止是二十来骑，不肯多用马者，亦恶其哄闹也。击罢，遣介来请我使人至彼，乃曰：'今日打球，如何不来？'答曰：'不闻钧旨相请，故不敢来。'国王乃曰：'你来我国中，便是一家人，凡有宴聚打球，或打围出猎，你便来同戏，如何又要人来请唤。'因大笑而

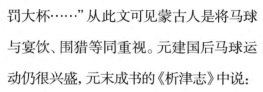

罚大杯……"从此文可见蒙古人是将马球与宴饮、围猎等同重视。元建国后马球运动仍很兴盛，元末成书的《析津志》中说："击球者，今(金)之故典，而我朝演武亦自不废，常于五月五日，九月九日，太子、诸王于西华门内宽广地位上召集各衙万户、千户，但怯薛能击球者……掷大皮缝软球子于地，群马争骤，各以长藤柄球杖争接之……马走如飞，然后打入球门，中者为胜。"此文明确指出元朝的马球出现了皮制球，且球杖藤制与宋辽不同。元代其他有关王公贵族及军中马球的记述也较多，元曲中关于马球的也不少，诸如"闲家日逐小公侯，蓝棒相随觅打球""……东园击球夸意气，西街走马扬飞尘"等，都从不同侧面反映了马球在元代各阶层开展的状况。

历史发展到明朝，马球运动开始走下坡路，但明初时承袭辽金元的传统，马球在体育运动中尚有一席之地，但规模

已无往日之宏大，明初时任王府纪善的
管时敏曾写过一首叫作《题蔡将军春击
球图》的诗："……诸王阅武出东华，打
球又是常年约。……虎士严屯千屯兵，球
场千步平如削。彩门远处放球来，万夫马
上俱欢跃，半轮缺月地中生，一点流星天
际落……等闲一击过球门，四面腾声总惊
愕……"从诗中可以看到明初分封的诸
王按"常年约"都要举行打马球活动。球
场广至千步，平整如削，万夫欢跃，说明
了当时宏大的气势，此外，永乐时有击球
射柳之制，明成祖朱棣亲定每年端午节
打马球的礼制，并三次亲临东苑观看群
臣打马球。有了这种形成定制的大型马
球活动，有了统治阶级的倡导，明初其他
阶层的马球仍有所开展，但同武术、摔跤
等体育项目相比，马球运动已逐步萎缩。
至明中叶以后，虽然史料更加丰富，有关
马球运动的记载却日渐减少，从而也间接
说明马球运动在明朝中后期已不是一项

比较普及的体育项目了。

清朝入关后，一则由于八旗兵重视行围狩猎训练骑兵，轻视马球，二则清初禁止人民养马，使马球失去了发展的物质基础，因而在中原地区马球运动在明末萎缩萧条的状况下，更受冷落，基本绝迹。有些学者根据明清两朝马球衰落的情况，断言马球运动在明朝中叶或清代中叶衰落，此言恐有所偏颇。我国是一个多民族的国家，中华民族是由汉族和众多少数民族组成的。正如研究马球起源于吐蕃也应认为发源于中国一样，研究马球的衰亡也应考虑到除汉族以外的其他少数民族，马球运动虽然在明清时的中原地区基本衰落，但在地处祖国北方的蒙族地区仍很盛行，并同赛马、射箭、搏克一样成为蒙族人民喜爱的民族传统体育项目。蒙古族打马球的风尚一直延续到解放后新中国成立。解放以后，内蒙古自治区组建了富有民族传统特色的马术队，在内蒙古自治区马术队中就保留有马球队，除日常的训练外，文革以前曾经组织过多次正式的比赛或表演赛，比较著名的有1953年内蒙古自治区第一届运动会上，曾经举行过马球表演赛，地点在乌兰浩特。1957年内蒙古自治区成立十周年庆典上，由内蒙古自治区马球队同昭乌达盟(现赤峰市)马球队在呼和浩特进行了正式比赛，自治区队获胜。1959年全国马术比赛中，由内蒙古自治区队同内蒙古军区队在呼和浩特进行马球比赛，自治区队获胜。直到文革开始，自治区马术队解散后，马球这项运动才最终退出历史舞台。据曾经担任过1957年昭盟马球队领队的乔建立及毛凤岗等老体育工作者的回忆，当年的马球比赛每队出场队员为五人，每人两匹马，比赛时换马不换人，比赛场地每边端线中央以两根十几厘米的木桩为门，上缚彩带，门距十米左右，上无横梁。以击球入门为得分。球为硬木涂

胶,比拳头略大,呈红色,球杆杆头为硬木制,圆型,颇似现在的门球棍,但杆柄不是穿于杆头中央,而是偏后一些,且形成与冰球拍相仿的角度。杆柄为藤制,柄尾穿皮绳套于手以防脱落。马球运动员穿紧袖上衣,灯笼裤,蒙族马靴。所骑马匹都是骑手自备,且均经过专门的马球训练,马鞍均为软质矮鞍,马尾用绸布结成球状。场上裁判亦骑马以旗示或笛声控制比赛。还制定有详细的规则。据当年亲临观看过的老同志介绍,场上竞争十分激烈,运动负荷非其他项目可比,马匹在场上奔跑如飞,速度极快,且急停,变向乃至卧倒变化频繁,无论对人还是对马来说都要求有充沛的体力和较高的灵敏性,具有很大的刺激性、娱乐性和一定的危险性,对选手的骑术及击球手法要求很高,也具有很大的欣赏性。文革后虽然内蒙古马术队得以恢复,但马球这项运动却未受重视,终于退出了历史舞台。

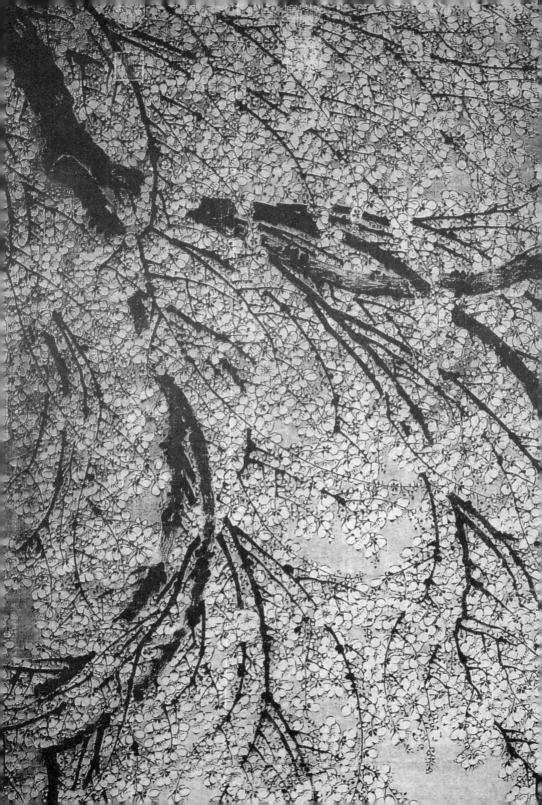

八、古代马球运动的兴盛与衰落原因

（一）政治稳定是马球兴盛的条件

马球运动的兴衰，与当时科学文化和经济的发展程度以及政治的稳定与否有着密切的关联，尤其受政治的影响较多。稳定的政治环境不仅有利于构建一个良好的马球发展的社会大环境，而且还对充分调动人民大众进行马球运动的热情有着重要作用，因而是马球运动发

展兴盛的重要条件。这一点可以从我国唐代马球运动的发展中略见一斑。

　　唐朝初年，太宗李世民为了促进国家政治稳定，采取了一系列有效措施。比如建立地方少数民族政权，进行民族自治，加强文化交流，以开放的姿态吸引少数民族文化，推动汉文化与少数民族文化的相互融合，等等。太宗的一系列政策，在很短时间内就使唐王朝强盛起来。由于国家的强大和政治的稳定，各族之间的民族文化和商业经济往来比较频繁，马球运动也随之传入。长安街头时有

吐蕃人打马球的景象。

　　从唐太宗李世民的"贞观之治"到唐玄宗李隆基的"开元盛世"，时经八十五年。太宗在位时降东突厥，征高丽，服吐蕃，平回纥，国威远播四方，被西北诸国尊为"天可汗"，成了当时的国际盟主。为唐王朝的政权巩固打下了坚实的基础。唐王朝高度发达的物质文明和高水平的文化也增强了周边民族对唐朝的向心力，唐都长安成了国内外经济、文化交流的中心。马球运动也从缓慢的兴起时期进入蓬勃发展时期，成了当时的时尚运动。社会政治稳定为马球这一运动的发展提供了条件。

（二）繁荣的经济是马球蓬勃发展的基础

繁荣发达的经济也为马球运动的发展奠定了基础。马球运动开展的条件要求十分高，它要求有"如砥平"的专用场地；有驰突"风回电击"的优质良马；有如"初月飞来画杖头"的精制球杖；有"驾驭烈马"高超骑术的驭手，这一切足见要进行一场比赛"善价千金未可论"，不是一般贫民力所能及的。

唐朝初年社会经济衰敝凋残，由于唐太宗实行了休养生息的"均田制、租庸调法"，农业生产大大地得到了发展。农业的发展也带动了手工业的发展，养马业等都呈现了繁荣发展的局面，商品经济空前繁荣。由于唐王朝长期稳定的政治经济环境，人民安居乐业，国泰民安，国库充盈，因此唐朝马球运动在唐玄宗开元年间达到了极盛。

（三）军事需要是马球运动快速普及的动力

马球运动的兴盛与发展，除了皇帝贵族的喜爱和提倡外，也得利于马球是作为军队训练的一项重要手段。从汉代以后，随着骑术的进步，马具的改革，骑兵在唐代达到极盛。唐代盛行轻骑兵，它有着快速机动与远程奔袭的特长，同时，马上作战、砍杀更为灵活。而马球运动就是训练骑术和马上砍杀技术的最好手段。由于这一军事目的，在统治者的提倡下，马球运动在我国的宋朝以及北方游牧民族的元、辽、金时期风行一时。总之，从马球的发展过程可见到这样一种趋势，凡是重视军事训练，重视加强骑兵战斗力的朝代，马球就兴盛，反之，不重视军事，以防御偏安为主要战略思想的朝代，军队战斗力弱，马球就衰落。

（四）马球的衰落

　　综观唐王朝历史，初唐时期太宗、中宗喜好马球，盛唐时期玄宗喜好马球，马球活动多是与政治外交联系在一起的。民间有条件的富家子弟仿效，才使马球运动从宫廷向社会传播。而到了中晚唐时期，国衰民弱，皇戚后妃虽然也热衷于马球，但与政治外交的联系几乎终结。自玄宗时期，宦官争权乱政，为了攫取权力，宦官变着法子让皇帝沉浸在声色犬马之中，使其终日嬉戏于马球，荒废政务。宦官拥立的八个皇帝中，穆宗、敬宗、宣宗、懿宗、僖宗、昭宗六个皇帝在马球嬉戏中都"悦不知息"，不思治国。"贞观之治、开元盛世"的稳定政治局面和繁荣经济，民族间的通商往来空间变得越来越小。利用马球比赛作为礼仪庆典的局面也不复存在。马球运动彻底变成了宫廷游戏。这是马球运动不能普及，始终只

在上层社会流行和最终因政治经济的衰落而消亡的根本原因。

在755年至907年的152年间，战乱不断，唐王朝政治、经济遭到了毁灭性破坏。战争造成政治动荡，经济入不敷出，战争的阴影给人们以巨大心理压力，昔日马球比赛的恢弘场景在人们心目中渐渐地淡化，马球运动从极盛时期开始逐渐地进入衰退期。虽然宫廷和军队中时有进行，有时也较为激烈，其规模与声势却是"日渐凌夷"。马球运动在历史的考证中是"王者运动"，由于其奢华不能在大众中普及，后来的王者可能认识到马球是一种奢侈的运动，在朝代不断更替中逐渐减少其影响，最终导致了马球运动的衰落与消亡。

九、古代马球的比赛形式

马球运动是我国民族体育百花坛中的一朵奇葩。在内蒙古，每逢"那达慕"盛会，草原上一片喧腾，摔跤、赛马、射箭及各种文艺节目竞相表演。然而压轴的好戏，往往是精彩纷呈的马球赛。参加马球比赛的运动员，全是各部最骁勇、剽悍的骑手。他们身着鲜艳的节日盛装，跨上精壮的坐骑，各执一杆长约四尺、头形月牙拐的藤柄球杖，策马扬鞭，你追我

赶，争击一枚朱红漆的小圆球。来如云坠，去如疾风，蹄翻尘卷，风驰电掣。惊险处令人屏息凝神，引颈翘望，中彩时满场欢呼雀跃，笑语飞扬，整个"那达慕"盛会都被它推向最热烈的喜庆高潮。

我国古代马球赛有两种场式：一为单球门，先于球场南面立双框置板，板下开一孔为门,门内加网为囊,击球入囊多者为胜,另一种为双球门,南北各设一门,网囊装置同上。当时规则不定,参加比赛的人数亦无严格限制(如唐玄宗时四骑对十骑)。球场很宽广,外插二十四面红旗,"唱筹"(裁判员)主持比赛,进一球者得一筹,增插一面红旗,失一球者拔一旗,插旗多者为胜。也有规定每队十二骑的。1936年以前,马球是奥运会比赛项目之一,规定马球场长300米,宽160米,在两端线中间各设8米宽的球门。双方各有四名队员上场比赛,手持带木拐的丁字形球棒击球,每进一球得一分。每场比赛共分四局,每局八分钟,局间休息三分钟。上半场结束(两局后)休息五分钟,并交换场地。但因不能普及而被取消。我国全运会马球比赛多依国际规则进行。

十、现代马球运动

13世纪时，马球传到印度。英国种植园主在印度东北部的阿萨姆邦发现了这项运动，并将其带入英格兰。在阿萨姆邦，马球比赛所用的马是当地的曼尼普尔小型马，有些马仅有12手宽（一手之宽相当于四英寸），称作kangjai。在波斯，人们把这种马叫作chaugan（一种槌棒，现在美国马球球棒就是以此命名的），它还有一个藏语名叫pulu，意思是一种根茎，

木制马球就是用这种根茎制作的。

很快，马球在英国军队中流行开来。成立于1859年的Silchar成为现代马球的发源地。成立于1859年的Sichar俱乐部也成为世界上最古老的马球俱乐部。现代马球比赛的规则就是依据这个俱乐部当年的规则制定的。最早时选手有九人，随着坐骑逐渐变大，速度也逐渐加快，人数慢慢减为七人，最后变为四人。1876年，印度马球比赛中马的身高不超过13.2手宽，英国是14手宽。二十年后，这个数字增加到14.2手宽。

1919年，高度的限制被取消，现在马的平均身高是15.1手宽。

1869年，皇家骑兵队的一些军官将马球运动介绍到英格兰，惠林汉姆俱乐部成为英国马球中心。

1875年制定了英国第一部马球规则，就在同时，印度马球协会也宣告成立。

1876年，詹姆斯·戈登·本纳特将马球传入美国。

1878年举办了首届马球（军）团内锦标赛，1893年，旨在推动马球用马繁殖的全国小型马协会

也宣告成立。这项运动迅速蔓延到世界其他国家和地区,特别是英联邦各国、美国以及阿根廷,其中阿根廷已成为马球用马最大的培育国和出口国。

20世纪20年代和30年代是美国马球的"黄金时代",出现了汤米·希区柯克、塞西尔·史密斯等著名选手。现在美国的马球运动主要在俱乐部进行。马球曾在1908、1920、1924、1936年作为奥运会正式比赛项目。英、美、阿根廷、印度、中东等国至今仍喜爱这项运动。

马球被称为贵族运动，马球和马术似乎已成为欧洲绅士的奢华专利，可它究竟"贵"在何处？如果你驾驭的坐骑是世袭纯血马，那价格自然是天文数字，仅是坐骑的那一套装备就价格不菲，当然还有场地、骑士服装等等，都少不了花钱。马球运动的费用比较高是因为马的使用成本很高，国外马球使用的马种都非常昂贵，并且一匹纯种马要训练成合格甚至出色的马球坐骑基本需要四到六年时间，打马球时骑的马要求不能躲闪球杆。再就是场地，目前马球场地有草地、土地、沙地三种，草地球场不但平时要维护，进行比赛时也要进行修整，所以维护成本很高。马球杆基本是藤质的，要求粗细均匀，有韧性，可租可买、费用不算高。而国内马球的消费要比国外的低，因为马种和人工都便宜，中国马种基本在1.5米—1.6米之间，适合打马球，也不贵。

(一)马球的基本规则

由于马球比赛的激烈程度与危险性相对较大，因而其规则大多是出于保护运动员和骑乘马匹的安全考虑。这里我们仅对比赛中比较重要的几项规则做一下简单介绍：

1.运球路线

比赛中，裁判主要依靠运球路线和球员进攻权来进行处罚。运球路线是指球被击后的运行轨迹。

2.球员进攻权

进攻权是指击球后的

球员有策马接着在运球路线上追逐再次击球的权利。谁最后击球，谁就拥有进攻权。比赛规定，对方球员不可在进攻球员前横穿运球路线以干预进攻或者将他撞离运球路线。但是，在进攻球员没有被阻挡的前提下，并排侧面阻挡或使用球杆干扰是允许的；角度小于45度的冲撞也不算犯规。冲撞接触点仅仅限于马的臀部和肩部，球员间的故意碰撞则视为违例。

3.球员不可用球杆有意触击另一球员以及他的坐骑。比赛中规定右手持球杆。

4.每匹马最多可在一场比赛中参加两局。

（二）比赛暂停规则

以下情况中，比赛铃声会示意暂停：

1.犯规。

2.人、马摔倒或者受伤。

3.马具设备断开，球员头盔撞落，球滚出边界。但是，球员在比赛中换马、以及球杆折断更换时，比赛继续进行。

（三）马球的参赛球员

马球比赛两队对抗，每队四人，1号和2号为前锋，3号、4号为后卫。一般来说，1号是主要的射门手；2号球员要求击球准确，主要负责组织进攻，传球给1号得分，也可以自己射门得分；3号球员一般比较强壮，在阻止对方传球的同时还要传球给队友，所以必须攻防兼备；4号球员是场上的组织后卫，主要通过用球杆干扰对方球员射门得分。对于经验丰富的球员来说，这些只是一些基本的战术与策略。当然，在具体比赛中，每个队员的角色必要时要进行替换，以保证准确把握战机，射门得分。

运动员头戴马球帽，腿着皮制护膝，脚蹬棕色皮靴，身穿白色马裤和本队颜

色的上衣。比赛以中线争球开始，运动员
用球槌击球，每个人在场上不受位置限
制。在争球过程中，对方队员必须与领先

抢球队员的跑动方向保持一致。如形成角度或迎面而来则判犯规。由于马球运动对抗性强，故规则细而严格。裁判员可根据情况判罚点球。比赛过半或每攻进一球(点球除外)双方交换场地。球进入两球门柱之间即得一分。一场比赛为八小节，每节七分钟。节间休息三分钟，半场间休息五分钟。马球场地长275米，宽183米。两端线有白线和旗子做标志，各设一球门。门柱高3米，用布包裹，以确保安全。两柱间距为7.3米。球槌为木制，柄长1.2米—1.4米，厚1.9厘米。槌头呈雪茄状，长22.8厘米，直径5.1厘米。球为柳木制成。最大直径8.3厘米，重120克—135克。马的身材和年龄不限，但需具备良好的速度、耐力和灵活性，特别是脾气温顺，否则易在激烈对抗中受惊、失控而引发事故。比赛设两名裁判员，一名仲裁，一名记录员。重大比赛在两个球门旁增设两名裁判员。

（四）马球运动装备

马鞍：马球的马鞍与综合马术的马鞍有所不同，马球的马鞍比综合马术的马鞍多一条固定带，以加强稳定性。另外，马球马鞍的脚蹬是弯的，让运动员的脚更舒服、灵活。

马腿：马球比赛中，参赛用马的小腿都要用布缠起来。因为在混战中球杆经常会打到马腿，这样做可以减少马受伤的几率。而且正规马球比赛也要求选手的腿要用布缠起来。

马靴：马球靴是专用的高筒皮靴，靴长一般到膝盖，靴子里面有防护板。

头盔：头盔的壳用硬塑料制成，外层包着的是皮革，里部则是柔软的棉织物。头盔配有一个金属质的防护网，这主要是防止球打到脸上造成伤害。

球杆：球杆的柄既不是木头的也

支離東北風塵際漂泊西
南天地間三峽樓臺淹日

不是竹子的，而是用藤干制成。杆头也不是一般的木头，是由硬杂木做成锤形。球杆的杆头一般都标有号码，这个号码表示该球杆适合多高的马。马越高，球杆的号码就越大。球杆的顶端是护绳，握杆时要先把大拇指放在护绳里，护绳绕过手背后再握住球杆。

护膝：马球比赛中，球员的腿部与球杆或球碰撞的情况并不少见，而厚厚的护膝则会让球员免受皮肉之苦。马球护膝是皮质的，要比一般的护膝厚得多。护膝的正面有一个凸出来的圆形小垫，其直径与球的直径大小相仿，也是针对马球运动专门设计的。

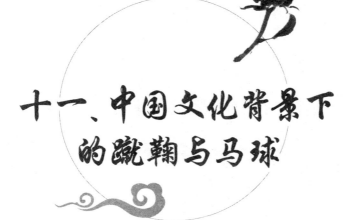

十一、中国文化背景下的蹴鞠与马球

　　体育文化是在社会大文化的环境中发展进步的,中国封建社会大文化,从战国时期的百家争鸣到汉代的独尊儒术,宋明以后则是以儒家理学治世,两千年封建社会基本上是儒家思想统治,儒家思想的主张是崇尚仁爱,提倡和平,反对战争。而古代体育的许多项目都是军事训练手段,和军事战争密切相关,蹴鞠与马球就包含其中,这是儒家所不提倡的。因

此，儒家在体育领域的思想是，坚持体育场上的教育性，反对崇尚力量，反对竞技争夺。汉代虽已提出"独尊儒术"，但儒家思想尚未占据统治地位，国家需要有保家卫国的勇士，社会上崇武练力之风甚盛，体育活动则是激烈对抗以锻炼人的勇武精神。唐代社会虽崇尚武力，但体育竞技对抗的激烈程度已有所减退。到了宋明时代，社会上重文轻武，体育竞技对抗活动便逐渐消失。从总体上看，兴于

汉代的蹴鞠和兴于唐代的马球运动，都受到这种文化大背景的影响，从对抗竞技走向娱乐表演，从而在一定程度上偏离了体育发展的正常轨迹，表现出与时代不相符合的诸多特征，日益表现出消亡的趋势。久而久之，造成了整个民族尚武精神的缺失，形成从精神到体质上的孱弱状况。